쿠키런
한자런 4
©Devsisters Corp.

- **1판 1쇄 인쇄** | 2015년 8월 18일
- **1판 1쇄 발행** | 2015년 8월 25일
- **글** | 조주희
- **그림** | 이태영
- **감수** | 김장미
- **발행인** | 이정식
- **편집인** | 최원영
- **편집장** | 안예남
- **편집** | 박윤경, 이은정, 이희진, 박수정, 박주현, 오혜환, 박지선
- **디자인** | 이명헌, 최한나, 남정임
- **출판영업** | 홍성현, 임종현
- **제작** | 이수행, 주진만
- **출력** | 덕일인쇄사
- **인쇄** | 서울교육
- **발행처** | 서울문화사
- **등록일** | 1988. 2. 16
- **등록번호** | 제2-484
- **주소** | 04376 서울특별시 용산구 새창로 221-19
- **전화** | 02)791-0754(판매) 02)799-9363(편집)
- **팩스** | 02)749-4079(판매) 02)799-9334(편집)

ISBN 978-89-263-8707-8
     978-89-263-9810-4 (세트)

달리는 쿠키들의 한자 대모험

쿠키런

한자런

©Devsisters Corp.

서울문화사

감수의 글

'한자'는 과학이나 역사와 같이 우리 아이들이 꼭 배워야 할 과목입니다. 왜일까요?

세종대왕이 한글을 만들기 이전, 우리 조상들은 한자를 사용하여 편지를 쓰고,
시도 쓰고 자신의 생각을 적는 등 실생활에 필요한 모든 내용들을 기록했습니다.
한마디로, 의사소통의 수단이 한자였던 것이지요.
자랑스러운 한글이 만들어져 글을 읽고 쓰기가 편해졌지만,
우리말의 70% 이상은 여전히 한자어로 이루어져 있습니다.

"영희와 나는 운동을 했습니다."라는 문장에서 '운동'은 한자어입니다.
'움직이다'라는 뜻의 옮길 운(運)과 움직일 동(動)으로 이뤄진 단어입니다.
"소중한 친구에게 편지를 쓰다."라는 문장에서 역시
'소중'과 '친구', '편지' 모두 한자어입니다.
이렇듯 한자를 알면 말이나 문장을 보다 더 쉽게 이해하고 글을 쓸 수 있습니다.
또, 의사소통도 쉬워지며, 다른 공부에도 많은 도움을 줍니다.
많은 과목의 용어 대부분이 한자어이기 때문에 이해도를 높일 수 있지요.

모두들 한자는 배우는 것이 어렵다고 합니다.
〈쿠키런 한자런〉은 쉬운 한자부터 재미있게 배울 수 있는 책입니다.
'천 리 길도 한 걸음부터'라는 속담처럼, 이 책을 통해 여러분이 한자에 흥미를
가졌으면 합니다. 무슨 공부이든 흥미나 재미가 없으면 성취하기가 어렵습니다.
책을 재미있게 읽는 동안 한자 실력이 쑥쑥 성장하기를 기대합니다.

김장미(봉담중 한문교사)

머리말

한자, 달리기, 놀이동산이 금지된 쿠키나라를 한자로 구하는 초등 쿠키들의 신나는 모험담!

우리가 하는 말 중에는 '쿠키런'처럼 외국말이 섞여 있기도 하고,
'이슬비'처럼 순우리말도 있고, '전력질주'처럼 한자로 된 말도 있어요.
이 중에서 한자는 우리가 쓰는 말의 상당한 부분을 차지하고 있지요.

그렇기 때문에 차근차근 한자를 익히면
처음 접하는 단어의 뜻도 쉽게 알 수 있고,
한자 실력과 함께 **이해력**과 **사고력**도 쑥쑥 자란답니다.

〈쿠키런 한자런〉에서 재미있는 이야기를 읽다 보면
여러분도 어느새 한자와 친해지게 될 거예요.
마녀가 금지시킨 한자의 비밀을 알게 된 쿠키 초등학생들이
쿠키나라를 구하기 위해 모험을 떠나는 이야기가 펼쳐지거든요.

쿠키 주인공들과 함께 신나는 모험을 펼치며
재미와 감동이 있는 순간,
잊을 수 없는 한자들과 만나 보세요!

우리와
함께 가자!

등장인물 소개

용감한 쿠키

달리기가 엄청 빠른 쿠키. 친구들과 쿠키나라를 구하기 위해 모험을 하고 있다.

명랑한 쿠키

펫 알에 대해 아는 게 많은 똑똑한 쿠키. 웨어울프맛 쿠키와 묘한 만남을 가졌다.

탐험가맛 쿠키

모험을 좋아하는 쿠키. 버려진 유물을 수집해 모으는 취미가 있다.

보더맛 쿠키

언제나 보드를 타고 다니는 장난꾸러기 쿠키.

달빛술사 쿠키

버려진 마법도시를 마지막까지 지키고 있는 미모의 마법사.

쿠키앤 크림 쿠키

용감한 쿠키의 할머니. 과거 쿠키나라를 구한 전설의 쿠키.

버터크림 초코쿠키

과거 용을 물리친 전설의 쿠키였으나 지금은 돈밖에 모르는 쿠키도시 최고의 부자이다.

예언자맛 쿠키

전설의 쿠키 중 한 명으로 포춘 쿠키로 예언을 할 수 있다.

마법사맛 쿠키

쿠키런 경기장이 있는 곳을 표시한 마법사전을 들고 다닌다.

슈크림맛 쿠키

달빛술사 쿠키의 조수. 과거 탐험가맛 쿠키와 만난 적이 있다.

웨어울프맛 쿠키

바위산에 홀로 사는 미남 쿠키. 화가 나면 늑대로 변한다.

악마맛 쿠키

불꽃정령 쿠키의 하수인.

뱀파이어맛 쿠키

햇빛을 싫어하고 포도 주스를 좋아하는 쿠키. 연금술사맛 쿠키의 오빠다.

닌자맛 쿠키

조용히 숨어 있거나 벽을 타고 빠르게 움직일 줄 아는 쿠키.

블랙베리맛 쿠키

탐험가맛 쿠키의 저택에서 일하는 쿠키.

치즈케이크맛 쿠키

파티를 좋아하는 말괄량이 쿠키.

딸기맛 쿠키

인터넷 검색으로 새로운 정보를 잘 찾는 쿠키.

연금술사맛 쿠키

각종 약을 만들 줄 아는 쿠키. 뱀파이어 성에 사는 뱀파이어 쿠키 가문의 후손이다.

불꽃정령 쿠키

과거 쿠키나라를 구한 전설의 쿠키였으나 지금은 굴뚝 마녀의 힘에 굴복했다.

이 책의 특징

① 맥락으로 기억한다!

이 책은 이야기의 맥락과
강하게 연결된 한자 만화로,
흥미진진한 내용을
따라가다 보면
자연스럽게 한자를
익힐 수 있습니다.

② 시각으로 기억한다!

만화 속에서
중요한 장면마다
큰 이미지의 한자가
인상 깊게 등장하여
눈으로 한자를
먼저 기억하게 됩니다.

③ 기초부터 학습한다!

획이 많고 어려운 뜻의
상급 한자보다는
초등학생이 접하기 쉬운
초급 한자부터
차근차근 배웁니다.

④ 반복해서 기억한다!

만화에서 한자가
여러 번 등장하여
반복 학습이 가능하고,
권말 집중 탐구로
확실히 정리합니다.

차례

16장 펫 알의 주인은? · · · · · · · · · · · · 012

17장 사라진 펫 · · · · · · · · · · · · · · · · 044

18장 저택에서 생긴 일 · · · · · · · · · · 076

19장 버려진 마법도시 · · · · · · · · · · 108

20장 죽음의 레이스 · · · · · · · · · · · · 140

4권
한자 집중 탐구
· · · · · · · · · · 172

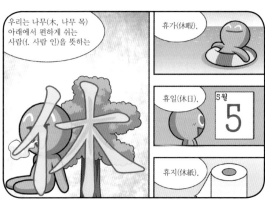

우리는 나무(木, 나무 목) 아래에서 편하게 쉬는 사람(亻, 사람 인)을 뜻하는

휴가(休暇).

휴일(休日). 5월 5

휴지(休紙).

〈쿠키런 한자런〉 4권에 등장하는 한자

勝 이길 승	利 이로울 리	犬 개 견	休 쉴 휴
安 편안할 안	心 마음 심	世 인간 세	代 대신할 대
勇 날랠 용	出 나갈 출	動 움직일 동	完 완전할 완
誘 꾈 유	引 끌 인		

책 속에서 찾아봐~!

16장

펫 알의 주인은?

犬
개 견

위험천만 레이스의 결과는?!

차아아악

한자를

알아야

펫의 선택을
받는다고!

큰일이야….
경기장이 움직이기
시작했어.

추락한다…!

으아아아

훔친 거 아니라니까!

팍

쪄억

깨갱ㅡ!

우르르르

까깨갱

여기로 떨어지지 마!

퍼억

꾹

불꽃정령 쿠키가 아래로 떨어졌어!

쿠당탕

경기장이 무너지고 있어.

우리도 피해야 해.

저것 봐. 참나무 주스통과 코코아컵이 부딪힌다!

콰아아

오빠…!

걱정 마. 참나무 주스통은 뱀파이어 가문의 조상들이 물려준 최강의 펫이니까!

콰아

내 코코아컵이 훨씬 크고 단단하다고! 그깟 나무통쯤, 산산조각 내 주겠어!

퍼엉

으!

슈우우우

어떻게
된 거지?

아무것도
안 보여!

슈우우

앗, 뜨거워!

이거… 코코아야.

그렇다면…?

쩡

쩌엉

말도 안 돼. 내 코코아컵이 두 동강 났어!

펑

으아아아~

오빠!

휙

참나무 주스통이 더 강(强)했어!

뱀파이어맛 쿠키의 승리다—!

와 락

와

와 락

와 아

와

와아

와

허허허, 뱀파이어 가문이 옛날의 모습을 되찾고 승리했구먼.

이길 승(勝) 자와

이로울 리(利) 자가 합쳐진

승리(勝利) 말일세.

승리(勝利)!

이 얼마나 기분 좋은 말인가!

힘(力, 힘 력)으로 짐(朕, 나 짐)을 위로 들어 올리는 이길 승(勝)과

힘들여 올려서 견디다 → 이기다

영차

영차

곡식(禾, 벼 화)을 칼(刀, 칼 도)로 거두어들이는 모습의 이로울 리(利)!

할머니, 할아버지!

와- 와아

와아

오냐~.

우리가 왔으니 앞으로의 일은 걱정 말거라.

걱정 마!

그게 아니라요!

경기장이 사라지고 있어요!

파닥

파닥

안전한 곳으로 도망치세요!

뭐라고?

나이가 들어 통 들리지가 않는구먼~.

그냥 반갑다는 거 같은데?

쩌억

쩍

길이 무너진다!

어서 출구(出口)를 통과해서 펫 알을 찾아야 해!

쩌억

끼이잉

끼잉

뛰어!

휙

휘익

휙

휘익

저기가 출구야. 조금만 더 가면 돼!

出口

탁

탁

탁

으아아아—!

아이쿠, 엉덩이야….

너무 아파~.

그래도 모두 무사히 출구를 통과했어.

계주(繼走)로 불꽃정령 쿠키를 이긴 거야!

그런데 여기 정말 굉장하다.

펫 알이 세 개나 있어!

둥

와아~

뱀파이어 조상님들께서 펫 알을 잘 보관하고 계셨던 거야.

핫하하

근데 이 알은….

이것은 늑대 쿠키들이 펫!

누가 봐도 웨어울프맛 쿠키의 것인데?

그럴 리 없어! 이런 낙서는 누구든 할 수 있는 거잖아.

우리 위대한 뱀파이어 조상님들이 도둑질을 할 리가 없어!

파

걱정 마.

펫은 스스로 주인을 선택하니까.

여기 있는 펫 알들이 누구를 선택할지는 아무도 모르는 거야.

두근

두근

나는 벽도 잘 타는 멋진 주인이야.

날 선택하면 제일 빠른 보드를 줄게.

나는 뱀파이어 가문의 딸이란다~.

딸기 좋아해?

나는 천사 같은 마음을 가졌어.

바보들. 펫이 마음에 들어할 한자를 적어야지.

우선 펫 알을 가지고 1층으로 내려가자.

휙

그리고 우리 중에 펫의 주인이 있는지 알아보는 거야.

불꽃정령 쿠키님,
괜찮으세요?

안 괜찮아!

크악

허익!

우두둑

커다란
늑대 녀석이
깔아뭉개는
바람에….

내 허리!

경기장이
흔적도 없이
사라졌어요.

이럴 순
없어!

아앙~

내 코코아컵이
깨졌어—!

앞으로 코코아를
어디에 타 먹지?

아앙~

앙~

시끄럽게 울지 마라. 붉은 용께서 다시 만들어 주실 게다.

그리고 아직 경기에 진 게 아니야.

숨어 있다가 꼬마 녀석들이 펫 알을 가지고 이곳으로 내려오면, 그때 덮쳐서 전부 빼앗아 버릴 테니까.

화르르

좋은 생각이십니다!

저는 참나무 주스통을 부숴 버릴 거예요!

스으윽

크아악

크악

또 나타났어, 이 질긴 좀비 부녀(父女)!

물리면 안 돼요! 좀비가 된다고요!

크아아

나는 우아한 미남(美男) 쿠키란 말이야. 좀비가 되고 싶지 않아!

굴뚝 화산으로 돌아가자!

휘익

휙

으아아아

내 코코아컵~!

징징대지 마!

콰아아아

으으...

에고고...

경기장이 사라졌네.

여기는 성의 3층 계단이구먼.

스윽

나이가 들어서인지 쿠키나라를 구하는 일이 점점 힘들어지네.

무슨 소리야. 난 아직 힘이 넘친다고!

하아

할머니! 할아버지!

펫 알을 세 개나 얻었어유!

휙

촤아아

오, 해냈구나!

오오~

이 괴물은
뭐야?

웨어울프맛
쿠키….

늑대 쿠키의 펫 알을 내놔! 그러지
않으면 이 노인들을 물어 버릴 거야!

진정해, 웨어울프맛 쿠키! 여기 펫 알이 있어.

이건 뱀파이어 쿠키들의 것이야.

아니야. 우리 조상들이 날 위해 남겨준 거야.

펫이 주인을 선택한다는 걸 잘 알고 있겠지?

알 껍데기에 펫 알을 부화시킬 수 있는 한자를 써야 돼.

난 한자를 몰라….

거봐, 웨어울프맛 쿠키의 펫일 리가 없어. 저 녀석은 무식하다니까.

웨어울프맛 쿠키를 무시하지 마!

오빠에게 소리 지르지 마!

우리 친구를 괴롭히지 마!

얘들아, 싸우지 마라.

하지만…

딱 한 글자 아는 게 있어.

뭐?

바위산에서 혼자 살면서 늘 외로웠거든.

걸핏하면 늑대로 변해 엉망으로 화를 내는 내 모습이 싫었지.

그때마다 내 마음을 이해해 주는 친구가 하나 있었으면 했어. 내 마음을 따뜻하게 해 줄…

찌잉

내가 그 친구가 되어 줄….

…개가 있었으면.

개…?

개 견(犬)!

숙 숙 숙

犬

개 견(犬)은 개의 옆모습을 본뜬 한자야.

쿠키의 능력을 올려주는 펫이 아니라 친구가 될 개를 원하다니.

조~용

犬

개 대신 여자 친구를….

쩌억

犬

거봐, 펫 알이 꿈쩍도 안 하잖아? 이건 원래부터 뱀파이어 가문의 것이었다니까!

푸하하

추욱

犬

웨어울프맛 쿠키, 너무 실망하지 마.

쩍

화악

17장

사라진 펫

펫을 따라 출발~!

쿠키나라의 다음 세대는 우리에게 맡겨 줘—!

世

인간 세

멍멍!

개 견(犬)!

저건 털뭉치 멍뭉이야. 쿠키가 지쳐 쓰러질 때 생명 물약을 가져온다는 전설의 멍뭉이!

털뭉치 멍뭉이…

와락

그래, 나는 강아지 펫을 원했어! 얼마나 찾았다고!

웨어울프맛 쿠키의 말이 맞았잖아. 저건 도둑맞은 알이었어.

멍뭉멍

뱀파이어맛 쿠키들이 펫을 훔쳐서 오랜 세월 웨어울프맛 쿠키를 외롭게 만든 거잖아!

너무 불쌍해…!

미안하다. 우린 그것도 모르고….

조상님들이 훔친 게 맞았던 거야.

괜찮아. 이제 친구가 생겼으니 그걸로 됐어.

멍멍!

잠깐, 웨어울프맛 쿠키.

이제 바위산에서 혼자 지내지 말고 우리와 함께 가자.

신나는 모험을 하는 거야!

너, 거대 늑대로 변신했을 때 힘이 굉장하더라.

불꽃정령 쿠키도 꼼짝못하던걸?

좀비 부녀(父女)다!

명랑한 쿠키!

물렸어!

명랑한 좀비다!

우워어~

웨어울프맛 쿠….

미안하네, 버터크림 초코쿠키.

퍽

치즈케이크맛 쿠키도!

퍼억

명랑한 쿠키도 미안하구나!

퍼억

철

컹

크아아~

크아~

천사 약초가 있으니 바로 해독약을 만들 수 있어.

좀비들은 내가 해독약(解毒藥)을 써서 원래대로 돌려놓을 테니 걱정 말고 돌아가.

그래, 알았어.

척

넌 정말 예쁜 쿠키야.

다음에 만날 때는 꼭 데이트 신청을 할게….

안녕! 명랑한 좀비 아가씨.

모두 안녕~!

그럼 해독약을 만들어 볼까? 다들 졸리겠지만 한 번만 더 힘내 줘!

헉!

이게 어떻게 된 거야? 귀여운 내 딸에게 물린 것까지는 기억이 나는데….

아빠, 내가 좀비가 된 끔찍한 꿈을 꾸었어요!

자네 부녀(父女)는 좀비가 된 채 불꽃정령 쿠키에 맞서 용감하게 싸웠다네.

역시 전설의 영웅다워!

우리가 불꽃정령 쿠키와?

자네는 언제?

빠직

예전 모습으로
돌아왔어!

그런데 웨어울프맛
쿠키는…?

펫과 함께
바위산으로
돌아갔어.

좋아하는 쿠키에게
보인 마지막 모습이
좀비라니…!

응?

털썩

으앙아

명랑한 쿠키는
아직도 좀비 같은데?

드디어 모든 것이
제자리를 찾았어.

이제 남은 두 펫의 주인을
찾아 주는 일만 남았구나.

근데 어째 낙서가
가득하구나.

이건 내 거!
보드맛 거!
딸기 좋아해?

닌자 거넌
연금술이
우슙니?
딸기 좋아해?

아무리 한자를
써도 열리지
않아요.

우리 중엔
펫의 주인이
없는 걸까요?

너희가 한자를 모르는
바보들이라 그렇지!

마법사맛
쿠키님….

척

너무해요!

어허, 이 아이들은
이제 막 한자 공부를
시작했다네.

저 아이들에게 필요한 건 휴식(休息)이야.

맞아. 한숨 자고 나면 한자가 떠오르겠지.

버터크림 초코쿠키님의 지하 금고에서 좀비들과 싸우고 뱀파이어 성에서 불꽃정령 쿠키와 또 싸웠다고요.

하암 하암

우리는 나무(木, 나무 목) 아래에서 편하게 쉬는 사람(亻, 사람 인)을 뜻하는

추욱

쉴 휴(休)가 필요해요.

휴가(休暇),

휴일(休日),

5월
5

휴지(休紙),

＊휴전선(休戰線)!

*휴전선 : 전쟁을 멈추거나 쉰다는 표시로 만들어 놓은 경계선.

이렇게 우리에게도 휴식이 필요해요! 쉴 휴(休)!

그런데 나무 아래에서 쉬고 싶어도 주변이 온통 바위산이라 나무(木, 나무 목)가 없구나.

걱정 마세요.

뱀파이어맛 쿠키, 그건 관 아니야?

설마 우릴 관에 넣어 땅에 묻으려고?

영원히 쉴 휴(休)?

뱀파이어 성에는 침대 대신 아늑하고 푹신한 관이 있지.

관에서 자라고?

일단 들어가 봐.

잠이 얼마나 솔솔 오는지 느껴 보라고~.

아웅~ 너무 좋다!

그래?

마음에 드는 관에 하나씩 들어가서 눈 좀 붙여.

쉴 휴(休)!

와아아~

좋다!

와~

그런데… 자는 사이에 누가 펫 알을 가지고 도망가는 건 아니겠지?

웨어울프맛 쿠키의 펫을 봤잖아.

펫 알은 가지고 있다고 무조건 자기 게 되는 건 아니니까. 훔쳐 가 봐야 소용없어.

불안하면 내 펫에게 부탁해 둘게.

잘 지켜 줘.

끄덕

우선 좀 자고 일어나서 펫의 주인을 알아보자.

응.

할머니, 할아버지도 안녕히 주무세요.

오냐.

쿠울~

쿨~

정말 착한
아이들이야.

쿨~

휴우~

이제야
안심(安心)이
돼.

버럭

안심이라고?

여자(女, 여자 녀)가
집(宀, 집 면) 안에 있는
모양의 편안할 안(安) 자에

심장을 본뜬
마음 심(心) 말인가?

편하다~

꿈틀

꿈틀

안심(安心)은
무슨!

벌떡

나는 3권 내내 좀비로 있었네. 쿠키나라 최고의 부자인 내가 이런 고생을 하다니!

마녀를 없애려면 아직도 멀었고 말이야.

그래도 다음 세대(世代)에게 쿠키나라의 미래를 넘겨주는 건 안심(安心)이지 않은가?

덜컹

덜컹

저 아이들은 우리가 없어도 불꽃정령 쿠키와 경주를 해서 이겼다네.

옛날에 우리가 쿠키나라를 구했던 것처럼, 이제는 저 아이들이 굴뚝 마녀로부터 이 나라를 구해 낼 거야.

팟

와아~

와~

쉬이이이

저 아이들을 보니 안심(安心)이 된다고.

다음 세대(世代)라….

흠…

인간 세(世)는 열 십(十) 자 세 개가 합쳐진 한자지.

즉, 30년은 되어야 한 세대(世代)가 만들어진다는 말이야.

척

팟

저 아이들이 쿠키들의 다음 세대야.

파앗

저 아이들에게 희망을 걸어 보세.

뻥

음냐...

냄새!

구리

구리

뻥

뻥

이 아이 관은 특별히 뚜껑을 닫아야겠네.

피식

푸쉬쉬

우리도 잠을 좀 자 두세.

스윽

노인네를 관에서 재우다니.

기분이 이상하구먼.

바위산을 지나
한참을 걸어가다 보면
뱀파이어 성이 나온다고
들었는데….

터덜

하아...

터덜

휘이이이

진짜 있어!

둥

뱀파이어 성!

다다다

이곳엔 희귀한
보물이 잔뜩
있다던데.

끼이이

하지만 흡혈 박쥐로 변하는 뱀파이어도 있다고 했어.

살금

살금

뱀파이어는 쿠키들의 피를 쪽쪽 빨아 먹는다지?

무서워!

덜덜덜...

그래도 난 탐험가맛 쿠키야. 겁먹지 않겠어.

콱

새로운 세계로 떠나는 모험은 즐거우니까!

휘익

덜덜...

스윽

뱀파이어는 낮엔 태양을 피해 관 속에서 잠을 잔다고 들었는데….

크학!

ZZZ

바로 이렇게!

뱀파이어들이다!

그것도 엄청나게 많아!

그런데 왜 여기만 뚜껑이 닫혀 있지?

혹시 엄청난 보물이 숨겨져 있는 것은 아닐까?

끼이이

뿡

뿡

커헉!

푸쉬쉬

털썩

뱀파이어는 방귀 냄새도 지독하구나….

쾅

탐험이고 뭐고 뱀파이어 소굴에서 빨리 달아나야겠어.

보물보다 내 목숨이 소중하니까.

휙

툭

데굴

데굴

이건 뭐야?

크다…! 타조 알인가?

척

신경 쓰지 말고 얼른 가자.

잠깐….

그냥 가기 아쉬운데?

여기에 내가 다녀갔다는 표시를 하고 가야지.

스윽

탐험가맛 쿠키는 뱀파이어를 무서워하는 겁쟁이가 아니라고 말이야.

용감(勇敢),

용맹(勇猛),

날랠 용(勇)을 쓸 거야!

숙

숙

勇

용기(勇氣)의

솟아오를
용(甬)에

힘 력(力) 자가
합해지면

나는 새로운 모험을
찾아 떠나는
탐험가맛 쿠키니까

날쌘 모습을 나타내는
날랠 용(勇) 자가 되지!

그 누구보다도
용기(勇氣)가 있고
용맹(勇猛)하단
말이야.

날랠 용(勇)!

오랏챠!

용감한 탐험가맛
쿠키님이
다녀가신다~!

으흐흐

훅 勇

쩌이익

욱

헉, 한자를 써 놓은 알이 깨졌어.

캬아아

으음….

음…

음…

뱀파이어들이 깨어난다!

시끄러워

저리 가라고!

찌이익

찌익

팟

저, 저게 뭐지?

배낭이?

배낭이…!

알아서 따라다니기 때문에 힘들게 들고 다니지 않아도 되는 펫이야. 배낭이라고 부르지.

딸기맛 뱀파이어다!

뱀파이어는 이쪽인데?

너… 펫 도둑 이구나!

도둑이야!

뱀파이어들이 모두 깨어났어!

우리가 얼마나 힘들게 얻은 펫 알인데!

잡아라!

쿠키 살려!

배낭이?

파앗

너, 날 수도 있구나.

날 우리 집으로 데려다줘.

쉬이이

도둑이 날아서 도망간다!

펫 알 두 개 중에 하나는 부화시키고, 하나는 가져갔어.

저 배낭에 담아서!

척

배낭 펫이라니. 뱀파이어 성에서 내 펫을 얻었어!

획

뱀파이어들과 싸워 무사히 탈출하고 펫도 얻었다고 친구들에게 자랑해야지.

근데 배낭이 너, 배가 불룩하다?

스욱

달그락~.

헉! 펫 알을 훔쳐 온 거야?

도리 도리

뭐? 내 것인 줄 알았다고?

휴~ 어쩔 수 없구나. 뱀파이어들에게 다시 돌아갈 수는 없으니.

펫 알을 나의 골동품 전시관에 둬야겠다.

척

블랙베리맛 쿠키가 너와 날 보면 깜짝 놀라겠지?

도련님은
내가 지킨다!
出
나갈 출
탐험가맛
출동!
기대돼!
새로운 장소에서 다시 펼쳐지는 모험
動
움직일 동
빨리 가자,
펫 알을
되찾으러!

도망갔어!

펫의 주인이 도둑이었다니!

하나 남은 펫 알도 훔쳐 갔다고!

분해!

이것 봐. 검은 방울들이 떨어져 있어.

초콜릿…?

쿵

쿵

좋아. 그럼 초코방울의 흔적을 따라 도둑을 잡으러 가자.

척

좋아!

초코방울이 도둑을 따라가고 있나 봐.

먹지 마!

냠냠

버럭

뱀파이어 가문이 간직해 온 펫 알들이 우리 것이 아니었다니….

나에겐 참나무 주스통이 있어서 괜찮지만 연금술사맛 쿠키는 아직 펫을 찾지 못했어.

툭 툭

히잉

하지만 펫 알에 아는 한자를 전부 썼는데도 열리지 않았는걸.

내 펫이 아니었던 거야!

우리도…

연금술사맛 쿠키, 뱀파이어맛 쿠키. 펫 알을 되찾으러 함께 가지 않을래?

아니야. 난 여기서 해독약(解毒藥)을 만들면서 도울게.

불꽃정령 쿠키의 타락주사에 맞서려면, 더 많은 해독약이 필요할 거야.

척

나도 언젠가 펫을 만날 수 있겠지!

오빠와 함께 열심히 또 다른 펫 알을 찾고 있을게.

콱

나도 동생 옆에 있을래.

태양도 싫고….

화악

너희 덕분에 성에 있는 경기장의 끝까지 가 볼 수 있었어. 고마워.

우리야말로 고맙지!

도움이 필요하면 언제든 불러~!

안녕~

저희 먼저 출발할게요!

우린 천천히 따라가마~.

차아아

치즈방울, 힘내 줘!

화르르

바위산….

웨어울프맛 쿠키를 다시 볼 수 있을까?

휘이이이

우워어... 명랑 좀비~

크흑

너는 날 명랑한 좀비로 기억하고 있겠지?

으앙~

차아아아

명랑한 쿠키, 표정이
명랑하지 않아.

신경
쓰지 마!

초코방울이 사라지기
전에 어서 따라잡자!

차
아 아 아

펫 알을 부화시킨
쿠키가 탐험가맛
쿠키라니,
이런 우연이 있나.

역시 펫은 주인을
불러들이는
성질이 있어.

탐험가맛 쿠키는 펫의 강한
부름을 들었던 거야.

우리도 어서
출발하세.

그가 가져간 나머지
펫 알을 되찾아 주인을
만나게 해 줘야지.

휙

휙

탐험가맛 쿠키는 쿠키나라의 이곳저곳을 탐험하여 아는 게 많아.

굴뚝 마녀와 맞서 싸울 쿠키를 모으는 데 큰 도움을 받을 수 있을 거야.

나는 굴뚝 마녀에게 관심 없네.

척

내 귀여운 딸, 치즈케이크맛 쿠키와 쿠키도시로 돌아갈 거야.

흥!

도시로 가자마자 친구들을 초대해서 큰 파티를 열 거예요!

이제 네 파티에는 아무도 오지 않을걸?

뭐라고요?

네가 좀비 파티를 열었다고 파다하게 소문이 퍼졌단다.

척

치즈케이크맛이 좀비 파티를 열다.

내 딸에게
무슨 짓이야!

욱

으앙~

버터크림 초코쿠키,
우리와 함께 가세.

싫어!

버럭

탐험가맛 쿠키의
집엔 펫 알이 두 개나
숨겨져 있어.

마법사전!

게다가
마법사전에
경기장이 나타나지
않는 걸 봐서,
펫 알들은 가져가기
쉬운 곳에 놓여
있을 거야.

아마 펫 알의 가치를
모른 채 그냥 집 안
어딘가에 굴러다니게
놔뒀겠지.

그렇다면 엄청
찾기 쉬울걸? 힘든
경주도 안 해도
되고 말이야.

오!

흥! 그렇게 꼬셔도 난 넘어가지 않아. 난 펫 따위엔 관심이 없….

자네의 펫일 수도 있어!

자네를 기다리는 펫의 끌림이 느껴지지 않는가?

끌림?

투 투 투 투 투

이게 무슨 소리야?

휫!

내 헬리콥터를 불렀네. 쿠키나라를 굴뚝 마녀로부터 지켜야지.

탐험가맛 쿠키의 집으로 가 볼까?

펫은 내 기야, 흐흐흐….

헐~

쿠오오오

붉은 용께서 직접 불을 뿜어 새로운 코코아컵을 만들어 주셨다.

내 코코아컵!

새 코코아컵으로 우리에게 저항하는 세력을 무찔러 굴뚝 마녀님의 은혜에 보답….

드디어 다시 코코아를 타 먹을 수 있게 됐어!

코코아컵에서 수영도 할 수 있다~!

이봐.

파닥

파닥

불꽃정령 쿠키님!

쿠키들이 다시 움직이기 시작했습니다!

화악

이번엔 탐험가맛 쿠키의 집입니다.

탐험가맛 쿠키?

혹시 그곳에 쿠키런 경기장이 있나?

그건 잘 모르겠습니다.

일단 탐험가맛 쿠키의 집으로 출동(出動)할까요?

와~

나갈 출(出)!

움직일 동(動)!

아니야!

이번엔 내가 가지 않겠어.

핵

네?

저번처럼 망신 당할까 봐 하는 이야기가 아니야.

계주(繼走)의 악몽….

그거네.

음

나보다 더 적합한 쿠키가 있어서 그런 거야.

그렇게 변명하지 않으셔도 돼요.

탐험가맛 쿠키를 아주아주 싫어하는 쿠키가 있다고!

그분의 소중한 무언가를 탐험가맛 쿠키가 훔쳐 갔다고 하더군. 만나기만 하면 가만두지 않겠다고 벼르고 있지.

그분에게 부탁하면 될 거야!

그분?

뭐지… 저 얼굴은?

발그레…

불꽃정령 쿠키님의 얼굴이 타오르고 있어!

그분은 여전히 아름다우실까?

언제쯤 내 마음을 받아 주실까?

화르르르

코코아…?

치이이

얼굴에 불이 붙었길래….

야ー!!

이 쓸모없는 놈들아!!

죄송합니다ー!

도련님이 온 세상에서 가져 오신 골동품들만 집에 가득하구나.

얼굴도 잘 안 보이는 낡은 거울에,

떨어져도 깨지지 않는 이상한 알까지.

하아~

먼지가
또 쌓였네?

탁
탁
탁

탁

툭
툭

아!

데굴

데굴

쏘옥

알이 거울 속으로 사라졌어!

이 거울은 도련님이 버려진 마법도시에서 가져왔다고 했었는데….

다른 공간으로 통하는 문인가 봐.

그렇다면…!

음…

안 들어가네?

툭

우수수

휴지통으로 쓰면 딱이겠군.

씨익

분명 알이 이곳으로
들어가는 걸 봤는데.

쓱싹

쓱싹

내가 잘못
본 걸까?

쿵

쿵

으스스

이 저택엔 유령이
나올 것 같아.

아까부터 내가
계속 혼잣말을
하고 있잖아!

으으~

도련님은
도대체 언제쯤
오실까?

혼자 집을
지키는 건
힘들어.

블랙베리맛 쿠키!

타, 탐험가맛 쿠키님?

도련님은 늘 배낭을 메고 세상을 돌아다니시는데

이번엔 배낭이 도련님을 메고 날아오잖아?

쉬이이

으아아~

와장창

탐험가인 나에게 딱 맞는 친구라고 할 수 있지.

핫하하

배낭

배낭

그리고 신기한 알을 하나 가지고 왔어!

스윽

뱀파이어들이 가득 있었는데 거기서 몰래….

훔쳐 오신 거잖아요?!

그래서 뱀파이어들이 도련님을…

어차피 탐험가는 주인 없는 유물을 가져오는 사람이야~.

방

방

이 저택에 이미 이것과 똑같이 생긴 알이 있잖아요.

먹지도 못하고 깨지지도 않고 부화도 안 돼서 처박아 두던 커다란 알요.

쾅

쾅

쾅

그랬었나? 거기엔 엄청난 능력을 가진 펫이 들어 있다고!

당장 찾아야 해!

팍

팍

팍

어디 놔뒀더라?

그, 그게….

스윽

여기로 사라졌어요.

척

뭐?

거울 속으로 사라졌다고?

자네 나 없는 동안 농담이 많이 늘었군.

농담이 아니에요. 정말 이곳으로 알이 굴러 들어갔어요.

이 거울은 버려진 마법도시에서 가져온 건데.

훔쳐 왔겠죠.

버려진 마법도시라니까.

쿵 쿵

버려진 도시에 있던 거울이니까 누가 버린 거겠지.

쓰레기를 주워 오는 것과 같은 거야.

?
?

그럼 이곳으로 달려오는 저 쿠키들은

스 윽

쓰레기를 주우러 오는 것이겠군요?

아 아 아 아

우리 펫 알을 내놔!

블랙베리맛 쿠키, 저들은 뱀파이어야. 막아야 해!

화악

네!

촤아아

팟

파앗

이게 뭐야?

촤아아아

마늘이잖아?

왜 마늘을 뿌려?

투기투기

휘릭

척

시, 싫어….

어?

어?

탐험가맛 쿠키가 사라졌다!

어디 갔지? 분명 여기 있었는데!

이건 주인님 모자….

설마….

거울이 왜?

뭐 하는 거야?

스윽

거울?

모자 고마워.

쑤욱

으악

헉

척

어떻게 거울에서 쿠키가!

으악

악

온갖 곳을 다 탐험해 봤지만

이렇게 놀라운 곳이 우리 집에 있었다니, 정말 몰랐어.

펫 알이 두 개나?

하나는 원래 우리 집에 있던 거야!

펫들이 거울 속으로 사라진다!

거울 속으로 들어가는 열쇠가 바로 펫이었어. 그래서 펫 알도 들어갈 수 있었던 거야.

뭐?!

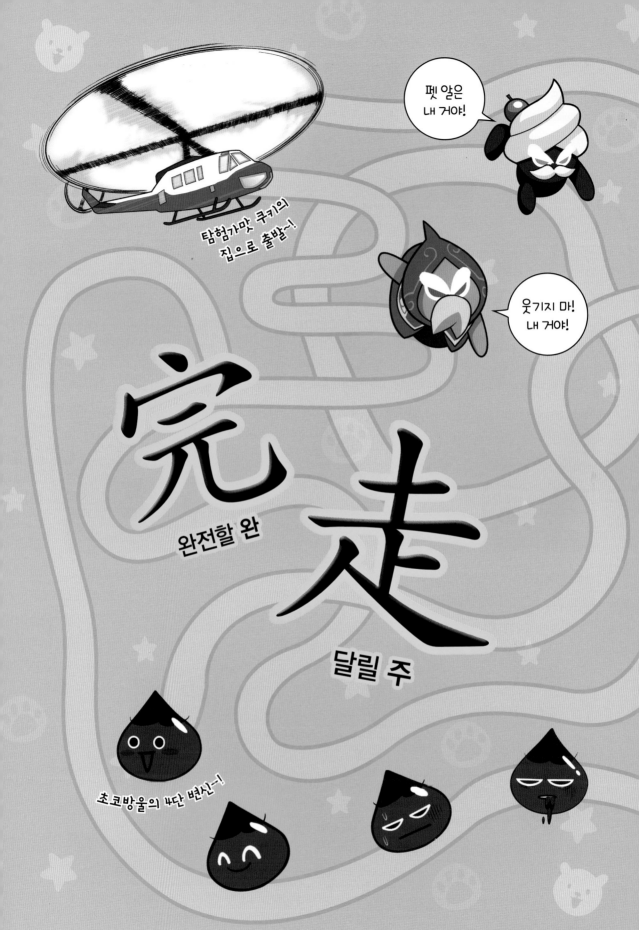

19장
버려진 마법도시

여기가 어디야?

슈크림맛 쿠키를
분노케 한 것은?

버려진
마법도시에
비밀이…!

이건 다 함께 봐야 해.

스윽

파츠츠

펫을 잡고 거울 속으로 들어와, 어서!

파츠츠

세상에….

스윽

여기가 어디야?

탐험가맛 쿠키님의 저택은 아닙니다. 이런 곳은 한 번도 보지 못했어요.

우리가 거울을 통해 엉뚱한 곳으로 나온 거야.

둥

그중 하나가
내 펫이 될 수도
있다는 거지?

으흐흐...

ㅋㅋ

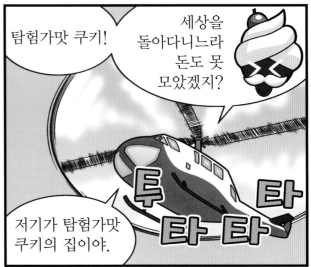

탐험가맛 쿠키!

세상을
돌아다니느라
돈도 못
모았겠지?

투 타
타 타

저기가 탐험가맛
쿠키의 집이야.

투 투 투 투

으헉!

엄청난 저택
이잖아?!

탐험가맛 쿠키는
조상 대대로 유명한
탐험가들이었어.

우르르

세계의 값진 보물을
집 안 가득 쌓아
놓고 있다고.

주인인 탐험가맛 쿠키가 집을 자주 비워 도둑들이 보물을 노리고 접근하지만

블랙베리맛 쿠키라는 용감(勇敢)하고 강(强)한 쿠키가 대신 집을 지키고 있지.

하지만 우릴 막을 순 없을걸!

파지지직

휙

휘익

우린 전설의 쿠키들이니까!

콰

쾅

팟

파팟

펫 알을 내놔!

척

척

조용~

?

?

다들 어디 갔지?

아무도 없네?

찌익

캬오~

초코방울!

왜 혼자 있는 거냐?

찌이익

초코방울이 자꾸 거울을 가리키는데?

거울이 뭐가 어쨌다고?

스윽

거울에 비밀이 있나 보군.

끄덕

끄덕

그 비밀이라는 건…

음…

내가 정말 잘생긴 미남(美男)이라는 것?

척

착각은~.

이 할망구가!

푸핫

버럭

이 영감이 어디서!

싸워라!

이겨라!

퍽

퍽

주르륵

한자런 115

엄청 멋진
경기장이다….

마치 마법사들이
세워 놓은 경기장
같아.

마법사?

도련님, 우릴 이곳으로 오게 한
거울을 버려진 마법도시에서
주워 왔다고 하셨죠?

아… 맞다.
어쩐지
익숙했어.

여기가 바로 그
마법도시야!

마법도시라면
쿠키나라의 지도에도
표시되어 있지 않은
숨겨진 나라잖아요?

척

나도 1년 전에 겨우 찾아왔었지.

휘이이

내가 가져온 거울이 마법도시로 통하는 문이었던 거야.

또 도둑질을 했었군!

휙

유물 수집이야!

유물 도둑!

욱

버럭

뿡

잠깐만 얘들아.

마법도시의 경기장에도 펫 알이 숨겨져 있겠지? 우리가 지금 찾는 건 펫 알이잖아.

휙

슥

버려진 마법도시의 마법사이신
달빛술사 쿠키님께서
기다리고 계십니다.

앗, 슈크림맛
쿠키?

다시 만나게
되다니, 정말
반가워!

탐험가맛
쿠키님….

우리
도련님께
무슨 짓이야!

블랙베리맛 쿠키,
그 아이는 잘못이 없어.

모두 내
잘못이야….

무슨 일이래?

자기 잘못이 뭔지는 알고 있나 보군요, 탐험가맛 쿠키님.

1년 전 저를 속이고 마법도시의 보물 창고에서 거울을 들고 가셨지요.

흑

○

이 뿌연 거울은 당신의 아름다움을 반도 못 비춰 주는군.

내가 새 거울처럼 고쳐서 가져다줄게.

척

정말요?

그리고 그대로 돌아오지 않으셨죠.

저는 1년 동안 기다리고, 또 기다렸죠….

휘이이

세상에, 정말?

최악의 남자야!

이 나쁜 남자!

블랙베리맛 쿠키 너마저 날 비난 하는 거니?

제가 바보였어요.

달빛술사 쿠키님께서 남자를 절대 믿지 말라고 하셨는데….

미안해. 금방 돌아오려고 했는데 조금 늦어졌던 거야.

슈크림맛 쿠키는 여전히 아름답….

그 손 치워라!

응?

블랙베리맛 쿠키!

파지지직

슈크림맛 쿠키, 이리 오너라.

쿵

척

내가 남자를 쉽게 믿지 말라고 하지 않았더냐?

달빛술사 쿠키님….

너는 너무 순진해.
위대한 마법사가 되려면
아직도 멀었어.

버려진 마법도시의
마법사인 달빛술사 쿠키야!

진짜 아름답다.

와아~

쿠키나라가 생기기도 전에,
고대 마법사들의 도시에서
태어나 마법의 비밀을
*전수받은 쿠키야.

파츠츠츠

어떤 이유인지 마법도시의
마법사들이 모두 떠난
후에도 홀로 남아
마법도시를 지키고 있어.

휘이이

꿈을 꿀 때 마법의 힘이
더 강해진다고 해.

ZZZ

*전수 : 기술이나 지식 따위를 전하여 받음.

강력한 마법으로 마법도시를 혼자 지켜 오고 있는 위대한 마법사야.

그렇지!

그렇다면 저분의 나이가 쿠키앤크림 할머니보다도 많단 말이야?

욱

쓱떡

쓱떡

나이 이야기는 하지 마!

슈크림맛 쿠키야, 너의 마법은 아직도 *미숙하다.

남자를 멀리하고 열심히 마법을 배워 위대한 마법사가 되도록 해라.

스윽

그러면 나처럼 위대한….

버려진 성에서 혼자 늙어 가는 할머니 마법사가 되겠지.

척

뭐라? 저 버릇없는 도둑 녀석!

팍

팍

*미숙하다 : 일 따위에 익숙하지 못하여 서투르다.

탐험가맛 쿠키님!

슈크림맛 쿠키를 성에 가두고 당신처럼 키우지 마!

척

당신을 키워 준 마법도시의 마법사들도 당신을 버리고 가 버렸잖아.

휘이이이

슈크림맛 쿠키도 그렇게 되길 바라는 거야?

화악

도련님….

절 속이고 거울을 훔쳐 가셨으면서…. 이제 와서 그런 말 해도 소용 없어요.

헉!

탐험가맛 쿠키는 조용히 하고 있어!

빠샤

퍽

죄송합니다 달빛술사 쿠키님.

이 녀석은 저희 물건도 훔친 도둑이에요.

블랙베리맛 쿠키, 도와줘.

너마저!

저희는 그저 쿠키런 경기장을 구경하러 왔습니다.

멋진 쿠키런 경기장이 마법도시에 있다는 말을 듣고 경기를 하고 싶어서 왔어요.

마법도시는 찾아오고
싶다고 쉽게 올 수 있는
곳이 아니야.

내가 마법으로 막아 놓고
있으니까. 그런데 너희는
어떻게 온 거지?

아, 저희는
거울을 통해….

콱

우연히! 우연히
찾았습니다!

정말 운이
좋았죠!

콰~악

읍 우읍

그래, 너희가 원하는 게
쿠키런 경기장에서
경주를 하는 거란 말이지?

쿠키런
경기장?

안 돼요, 탐험가맛 쿠키님.
그곳은 위험해요. 살아나온
쿠키가 없다고요!

휘이

너희 말대로 마법도시의 지하(地下)엔 쿠키런 경기장이 있다.

지금은 지하 감옥으로 쓰고 있지만 말이야.

지하 감옥?

너희처럼 겁도 없이 마법도시에 들어온 녀석들을 가두는 지하 감옥이지!

완전할 완(完)에 달릴 주(走), 목표 지점까지 다 달린다는 뜻의 완주(完走)!

휘이이이

너희가 마법도시의 경기장을 완주(完走)할 수 있을까?

오호호호

완주(完走)…?

완성(完成).

완(完)은 집(宀, 집 면)과 으뜸(元, 으뜸 원)이 합쳐진 말로

집을 완전히 수리한다는 뜻이야.

즉 모든 일이 흠이 없이 완전하다는 거지.

완벽해!

화악

완벽(完璧).

완료(完了).

숙제 끝!

완전할 완(完)!

콰아

과연 너희가 마법도시의 경기장을 완주(完走)하고 펫 알을 차지할 수 있을까?

완주...

마법도시의 경기장에서 달리는 게 소원이라면 내가 특별히 들어주지. 슈크림맛 쿠키!

네!

얼마나 무시무시한 경기장이길래 저렇게 겁을 주는 거지?

떨려….

획

아주 재미있겠구나.

호호호

쿠키런 경주를 당장 시작하라!

탐험가맛 쿠키님, 이것만 기억하세요.

화아악

이곳은 마법도시라는 것을요….

파츠츠

마법도시?

네, 마법도시요.

여기가 마법도시라는 건 나도 잘 알고 있어.

답답해ㅡ!

왜 나한테 화를 내지?

으음...

슈크림맛 쿠키, 어서 경기장을 불러와!

오늘 마법도시에서 특별한 시합이 펼쳐진다!

화아아악

우리 괜찮을까?

괜찮고 말고! 경기장을 완주(完走)하고 이곳의 펫 알을 차지할 거야.

시작한다!

파초초

할머니 할아버지께 도움을 요청하지 않아도 될까?

아마 벌써 이곳으로 오시고 계실 거야. 전설의 쿠키들이잖아.

훅

콰아아아아

떨려!

무조건 집중하고 달리는 거야!

우수수

그런데 너무 조용하지 않아?

조 — 용

시작이다, 시작!

휘익

잘해 봐라, 어린 쿠키들아.

달빛술사 쿠키가 먼저 시작했어!

쏙

탐험가맛 쿠키님, 부디 안전하길 빌어요.

홱

탁탁탁

그럼 안녕히!

슈크림맛 쿠키!

쏙

도망치듯 가 버렸어.

뭐야, 시작한 거 맞아?

마법도시의 경기장이라서 특별할 줄 알았는데, 평범한걸?

획

우리도 출발하자.

쩌억

혹시 뱀파이어 성의 경기장처럼 무너지는 건가?

헉!

쿠

쿠

쿠

쿠

도련님!

슈우우

블랙베리맛 쿠키!

콰악

콱

살려 줘!

잡았어요!

다들 괜찮아?

우수수

살아 움직이는 경기장이라니!

우리를 죽이려 드는 경기장을 완주(完走)하란 말이야?

쿠오오오

말도 안 돼!

멍멍멍!

날 꼬시지 마, 다쳐.

우와~, 버려진 도시의 무시무시한 경기장?!

誘引

꾈유 끌인

레이스는 나에게 맡겨 주라고!

흥!

화르르

불꽃정령 쿠키, 다시 경주에 도전?

20장

죽음의 레이스

세

상

에!

마법도시에선 어떤 일이?!

내 마법의 힘을 보여 주마!

누가 연락을
해 오는구나.
누구지?

저건… 불꽃정령
쿠키?

악마맛 쿠키,
꽃가루 좀
뿌려 봐.

네네…

멋있게 등장해야
한단 말이야!

불꽃정령 쿠키님….

헛!

아! 달빛술사 쿠키님.

혹시 꼬마 쿠키들이 마법도시에 가지 않았나요?

척

샤방

꽃가루! 꽃가루!

팍

팍

팍

그만 뿌려!

콱

콱

네 왔습니다. 그리고 쿠키런 경기가 시작되었죠.

경기장이 이제 막 잠에서 깨어났거든요.

후후후

마법도시의 경기장이라면 저도 잘 알고 있습니다.

깜짝 놀라 도망쳤던 기억이….

크아아

으아아~

용건은 이제 끝인가요? 그럼 전 이만 잠을 자러 가야겠어요.

피곤해.

홱

자, 잠깐! 달빛술사 쿠키님!

저번에 제가 드린 선물은 잘 받으셨는지요….

저기 어딘가에 잘 있을 겁니다.

수―북

쓰레기장인가?

화르르

그럼 전 한숨 자겠습니다. 슈크림맛 쿠키야, 불을 끄렴.

역시 미인(美人)은 잠꾸러기라고….

아직… 안 돼—!

화악

스스스

불꽃정령 쿠키님….

털썩

흑흑…

나 같은 미남(美男) 쿠키가 이런 창피를 낭하다니.

짝사랑 중이시군요.

으헝헝

네가 사랑을 알아?

여기서 포기할
수는 없어.

어떻게 하면 달빛술사
쿠키님의 마음을
얻을 수 있을까?

내가 직접 출동(出動)
해서 꼬마 녀석들이
완주(完走)하지
못하도록
방해해야겠어.

직접?

달빛술사 쿠키님께서
그런 나를 보고
반하시겠지?

파앗

뱀파이어 성에서 계주(繼走)에
당했던 것처럼 망신만 당하면
어쩌시려고요!

어쩌지?

어쩌긴, 재미있게
구경하면 되지.

코코아
마실래?

아니….

익!

경기장 괴물이 우리를 찾고 있어.

경기장이 움직이면서 우릴 때리는데 어떻게 달릴 수 있겠어?

잠깐!

경기장 괴물의 몸을 봐.

온몸에 길을 매달고 있어.

ㅋㄹㄹㄹ

맞아. 정말 끔찍해.

저 길을 달려 통과하면 될 거야.

뭐라고?

괴물을 유인(誘引)해야 돼.

그리고 나서 괴물의 몸을 타고 경기를 이어 나가야 해.

쿠오오오

유인(誘引)이 뭐야?

꾈 유(誘)에

끌 인(引).

꾈 유(誘) 자는
말씀 언(言) 자에
빼어날 수(秀) 자가
합쳐진 한자야.

최고!

입에서
나오는 말.

벼가 아주
잘 익은 모습.

빼어난 솜씨로
이야기를 하여 꾀어
낸다는 뜻이지.

크아아아

유혹(誘惑).

살랑

살랑

유세(誘說).

선거
유세!

믿어
주세요!

유괴(誘拐).

사탕 줄 테니
아저씨랑 가자!

사탕 줄 테니
경찰서로 가요!

한자런 149

끌 인(引)은 활 궁(弓)에
뚫을 곤(丨)이 합해진
한자야.

활 시위를 당기는
모습을 본뜬 거지.

끌어당겨!

찌이익

서로 끌어당기는
힘, 인력(引力).

이리 와!

이리 와!

값이 오르다는
뜻의 인상(引上).

예금을 찾을 때,
인출(引出).

그럼 어떻게 경기장
괴물을 유인(誘引)
한다는 거야?

팟

빼어난 말로
끌어당기는 게
유인(誘引)이란
말이지?

그건 내가
전문이지.

탐험가맛
쿠키?!

척

위험합니다, 도련님!

걱정 마. 이런 일은 탐험가에게 늘 일어나니까.

안녕하십니까, 괴물 아가씨.

척

휘청

아가씨?

헐~

크르르르

이런 어두컴컴한 지하에서 홀로 살아가기엔 아까운 아름다움을 지니셨습니다.

핫하하..

빠직

읍

그건 좀….

우읍

ㄷ

쿠아아아

으아아~

오히려 화만 돋울 뿐이잖아!

깍

으아아

어쨌든 유인(誘引)만 하면 된 거 아니야?

드디어 경기가 시작된 거야!

쉬이익

도련님!

내 걱정 말고 블랙베리맛 쿠키도 달려!

콰아아

저 문을 봐!

다음 단계인가 봐!

저쪽으로 괴물을 유인(誘引)하자!

쿠아

이봐, 괴물 아가씨!

그런 유인(誘引)은 이제 그만해!

휙

휙

휘익

닌자맛
쿠키ㅡ!!

으아아

이번엔
날 따라와!

좌아아아

조심해.
다치겠어!

크아아아아

탓

슈우우

뿌웅

크아악

커억

컥

컥

방향을
돌렸어!

콰아아아

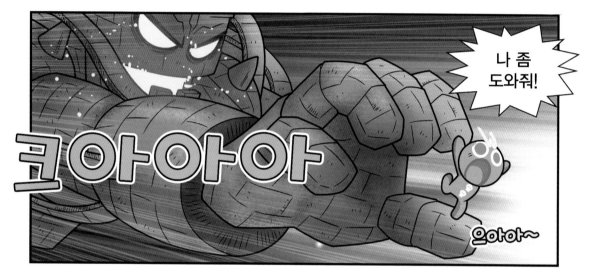

콰

아
아
아

이제 방귀
발사하지 마!

괴물이 뒤로
물러서잖아!

그럼 어떻게
도망쳐!

오아아~

내 보드 위로
올라와!

챠아아

고마워.

챠아아

팍

도련님, 저 앞의
문이 다음 단계로
이어진단 말이죠?

휘이이

블랙베리맛
쿠키,
뭘 하려고?

탓

어?

척

저곳으로 모두를
데려다 드릴게요!

슈우우우

둘은 괴물 위로
올라가요.

후욱

꽈아아아

챠아아

파앗

지금이야!

뭐가?

휙

휙

휙

휘릭

휘리릭

괴물과의 레이스 한 판, 그 결말은?!

6급 · 부수 力 힘 력

勝

이길 **승**

★ 勝負 (승부)
이김과 짐.

★ 勝者 (승자)
경기나 싸움에서 이긴
사람. 또는 이긴 편.

6급 · 부수 刂 칼 도

利

이로울 **리**

★ 便利 (편리)
편하고 이로우며
이용하기 쉬움.

★ 不利 (불리)
이롭지 아니함.

4급 · 부수 犬 개 견

犬

개 **견**

★ 犬猿 (견원)
개와 원숭이.

★ 犬皮 (견피)
개의 가죽.

7급 · 부수 亻 사람 인

休

쉴 **휴**

★ 休校 (휴교)
학교가 수업을
한동안 쉼.

★ 連休 (연휴)
휴일(休日)이 이틀 이상
계속되는 일.

7급 · 부수 宀 집 면

安

편안할 **안**

★ 安全 (안전)
편안하여
탈이나 위험성이 없음.

★ 安寧 (안녕)
걱정이나 탈이 없음.

7급 · 부수 心 마음 심

心

마음 **심**

★ 心中 (심중)
마음속.

★ 欲心 (욕심)
분수에 넘치게
무엇을 탐내거나
누리고자 하는 마음.

7급 · 부수 一 한 일

世

인간 **세**

★ 世上 (세상)
사람이 살고 있는
모든 사회를 통틀어
이르는 말.

★ 世子 (세자)
왕의 자리를 이을 왕자.
왕세자(王世子).

6급 · 부수 力 힘 력

勇

날랠 **용**

★ 勇士 (용사)
용맹(勇猛)스러운 사람.

★ 勇氣 (용기)
씩씩하고
용감(勇敢)한 기운.

7급	부수 力 힘 력
動 움직일 **동**	★ 動感 (동감) 움직이는 듯한 느낌. ★ 自動 (자동) 일, 행동 따위가 의사와 상관없이, 또는 어떤 절차 없이 바로 이루어짐.

5급	부수 宀 집 면
完 완전할 **완**	★ 完勝 (완승) 완전(完全)하게 이김. ★ 未完成 (미완성) 아직 덜 됨.

3급	부수 言 말씀 언
誘 꾈 **유**	★ 誘入 (유입) ①액체나 기체, 열 따위가 어떤 곳으로 흘러듦. ②어떤 곳으로 모여듦. ★ 勸誘 (권유) 어떤 일 따위를 하도록 권함.

4급	부수 弓 활 궁
引 끌 **인**	★ 引下 (인하) 물건, 가격 따위를 끌어내림. ★ 割引 (할인) 일정한 값에서 얼마를 뺌.

★ '부수'란? 부수는 자전(옥편)에서 한자를 찾는 기준이 되는 글자로, 한자의 뜻과 연관이 있어요. 예를 들어 木(나무 목)을 부수로 쓰는 한자의 뜻은 '나무'와 연관이 있어요. 또, 부수에 해당하는 한자가 다른 글자와 만나면 모양이 조금씩 변하기도 해요. 信(믿을 신)의 亻은 人(사람 인)이 변형된 한자예요. 부수의 수는 총 214자입니다.

★ '한자의 필순'이란?

: 한자를 보기 좋고 빠르게 쓰기 위해, 쓰는 순서를 정한 것.

한자 필순의 원칙을 알아보자!

🪨 한자의 기본 필순 🪨

❶ 왼쪽에서 오른쪽으로 쓴다.

❷ 위에서 아래로 쓴다.

❸ 가로획과 세로획이 교차될 때는 가로획을 먼저 쓴다.

❹ 삐침과 파임(오른쪽으로 비스듬하게 내려 쓰는 한자)이 만날 때는 삐침을 먼저 쓴다.

❺ 좌우로 대칭되는 형태의 한자는 가운데 부분을 먼저 쓰고 왼쪽, 오른쪽 순서로 쓴다.

❻ 안쪽과 바깥쪽이 있을 때는 바깥쪽을 먼저 쓴다.

❼ 글자 전체를 꿰뚫는 획은 나중에 쓴다.

❽ 오른쪽 위의 점은 맨 나중에 찍는다.

❾ 받침으로 쓰이는 글자 중 走(달릴 주)는 받침을 먼저 쓰고, 辶(쉬엄쉬엄 갈 착)은 받침을 나중에 쓴다.

우리들의 마음을 밝혀 주는 쿠키들의
따뜻한 인성 이야기

인성 학교

© Devsisters Corp.

쿠키런 CookieRun
인성 학교
1교시
글 박희정 그림 이태영

나를 돌아보게 하는 가치

감사 · 긍정 · 실패 · 양심 · 욕심
인내 · 자신감 · 절제 · 주관 · 집중력

쿠키런 CookieRun
인성 학교
2교시
글 박희정 그림 이태영

너와 나,
세상을 돌아보게 하는 가치

겸손 · 배려 · 약속 · 우정
의리 · 존중 · 나눔 · 양보 · 협동

감사, 긍정, 실패,
배려, 의리, 협동 등 세상을
아름답게 만들 19개의 가치를
22가지 동화로 만나자!

쿠키들이 던지는 질문을
깊이 고민하다 보면,
어느새 마음이 하늘처럼
넓어져 있을 거야!

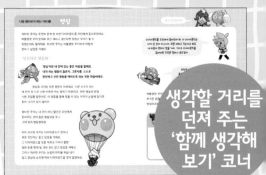

귀여운 쿠키
일러스트가
담긴 재미있는
동화

생각할 거리를
던져 주는
'함께 생각해
보기' 코너